Droemer
Knaur

Erinnerungen an mein polnisches Dorf

TOBY KNOBEL FLUEK

ERINNERUNGEN AN MEIN POLNISCHES DORF
1930–1949

Aus dem Amerikanischen von
Jürgen Benz

Droemer Knaur

CIP-Titelaufnahme der Deutschen Bibliothek

Knobel Fluek, Toby:
Erinnerungen an mein polnisches Dorf: 1930–1949
Toby Knobel Fluek.
Aus d. Amerikan. von Jürgen Benz.
München : Droemer Knaur, 1990
Einheitssacht.: Memories of my Life in a Polish Village <dt.>
ISBN 3-426-26485-4

Satzarbeiten: MPM, Wasserburg
Printed in Portugal
ISBN 3-426-26485-4

2 4 5 3 1

In liebevollem Gedenken
an meine Familie und die Familie meines Mannes,
die im Holocaust umkam,
widme ich dieses Buch
meinen Enkelkindern David und Gary,
die nicht vergessen werden, was geschah.

Danksagung

Viele Menschen haben zum Entstehen dieses Buches beigetragen. Besonders danken möchte ich meinem Mann Max, meiner Tochter Lillian sowie ihrem Mann Steve für ihre liebevolle Geduld, Hilfe und Unterstützung; meiner Lektorin Ann Close und meinem Agenten Julian Bach, die mich zum Schreiben dieses Buches ermutigten; Steve Schoenholtz, Morton Yarmon, Lucjian Dobroscycki, Judy Schloss Markowitz und Eve Diana, die mir bei der Arbeit am Manuskript zur Seite standen; Joe Hing Lowe, Irene Roth und Ruth Schloss, die mich bei der Gestaltung der Bilder mit Rat und Tat unterstützten; Tony Holmes, Mia Vander Els und Andy Hughes, die dem Buch zu seiner jetzigen Form verhalfen, sowie den vielen anderen, die mich auf vielfältige Weise unterstützten und mir in vielen Gesprächen Gelegenheit gaben, meine Erinnerungen an das Leben in der alten Heimat zu überprüfen.

Inhalt

Meine Familie bei der Arbeit

Unser Bauernhof

Geboren und aufgewachsen bin ich auf diesem Bauernhof. Er gehörte zu einem Dorf namens Czernica in Ostpolen. Die Familie meines Vaters lebte hier schon seit Generationen.

In unserem Dorf gab es zehn jüdische Familien. Die Gesamtbevölkerung bestand aus rund zweihundertfünfzig polnischen und ukrainischen Familien. Der Ort hatte weder eine Synagoge noch einen *Cheder* (jüdische Grundschule). Die Gottesdienste am Sabbat und an den Feiertagen wurden deshalb in unserem Haus abgehalten. Wenn wir einen *Schochet* (mit den Riten vertrauter Schlachter) oder einen Rabbi brauchten, mußten wir nach Podkamien, dem nächstgelegenen *Schtetl*.

Die Diele

Der Haupteingang unseres Hauses führte in die Diele. Von hier gelangte man in die Küche und in zwei große Zimmer auf beiden Seiten. Die Diele diente gleichzeitig als Waschraum. Die große Messingschüssel war unser Waschbecken. Alle sechs, Kinder wie Eltern, benutzten wir dasselbe Handtuch. Ich hatte noch zwei ältere Schwestern, Surcie und Lajcie, sowie einen älteren Bruder, Aron.
Die Trittleiter führte auf den Dachboden. Dort stand unsere Schatztruhe, eine große Holzkiste mit Kleidern von Verwandten in Amerika. Ich erinnere mich, daß ich mit dreizehn Jahren einen marineblauen Mantel trug, den sie geschickt hatten. Ich war so glücklich – niemand konnte mir jetzt noch das Wasser reichen. Als er verblichen war, wendete ihn meine Schwester, und er war wieder wie neu.

Unsere Küche

In diesem Raum kochte meine Mutter und backte das Brot. Auch die Wäscherin benutzte die Küche für ihre Arbeit. Meine Mutter backte das Brot immer für eine Woche im voraus. Der Teig wurde in einem großen Holztrog geknetet. Es war echte Muskelarbeit.

Wir hatten zwei mit Holz geheizte Herde zum Kochen und einen Ofen zum Backen. Auf jedem Bauernhof gab es ähnliche Herde. Die armen Leute hatten als Wohnung nur einen großen Raum wie diesen, mit einem Bett in der Ecke.

Mein Vater

Vater war der geborene Landwirt und konnte auch kaum etwas anderes, obwohl er ein wenig Handel trieb, was soviel hieß wie Hausieren. Den Geschäftssinn in unserer Familie hatte meine Mutter. Mein Vater arbeitete den ganzen Tag zusammen mit einem Tagelöhner auf den Feldern. Er band den gemähten Weizen zu Garben zusammen und ließ sie in der Sonne trocknen. Beim Dreschen benutzte er einfache Geräte, die denen unserer biblischen Vorfahren ganz ähnlich waren. Meine Mutter und meine Schwester halfen ihm beim Häckseln des Strohs, das an die Tiere verfüttert wurde.

Aron

Mein Bruder Aron wohnte in Podkamien, wo er den *Cheder* und die Grundschule besuchte. An Feiertagen und zu besonderen Anlässen kam er nach Hause. Als er seine Bar Mitzwa feierte, gab es zum Sabbat-Gottesdienst bei uns zu Hause Kuchen und Schnaps. Größer waren die Bar-Mitzwa-Feiern nicht in den Dörfern. Nach seiner Bar Mitzwa sprach Aron täglich seine Gebete und trug dabei seine *Tefillin* (Gebetsriemen).

Surcie bei der Kleideranprobe

Meine Schwester Surcie war als die beste Schneiderin von Czernica bekannt. Sie nähte für die Intelligenzija und die reicheren Leute. Sie gab sich sehr viel Mühe, damit ein Kleidungsstück auch gut paßte. Surcie machte auch Blusen für die Bäuerinnen, die dann als Gegenleistung auf unseren Feldern arbeiteten. (Die langen, gerafften Röcke nähten sich die Frauen selbst.) Links auf der Zeichnung ist der Thoraschrein zu sehen. Die Gottesdienste am Sabbat und an den Feiertagen fanden in diesem Zimmer statt.

Lajcie beim Bügeln

Meine Schwester Lajcie übernahm die meisten Hausarbeiten. Sie bügelte, putzte, stopfte und half Mutter beim Kochen.
Donnerstags hatte sie immer abgeschürfte Finger von der metallenen Kartoffelreibe. Mutter machte gewöhnlich große Pfannen Kartoffelpudding für den Sabbat.
Lajcie mußte sich oft die Zähne richten lassen. Um das Geld dafür zu verdienen, kümmerte sie sich um einen alten Mann in Brody. Aber es galt als Schande, als Dienstmädchen zu arbeiten. Meinen Eltern war es peinlich, und so behandelten sie die ganze Sache wie ein Geheimnis.

Das Bewahren der Glut

Um das Bügeleisen zu erhitzen, wurde es mit glühenden Holzstücken gefüllt. Anschließend mußte man es ständig in der Luft umherschwenken, um die Glut und damit die Hitze zu bewahren. Ungefähr jede halbe Stunde mußte man wieder glühende Holzkohle aus dem Herd holen und nachfüllen.
Bügeln war damals noch eine mühsame Arbeit.

Lehrlinge

Surcie hatte zwei Mädchen, die bei ihr als Lehrlinge arbeiteten: Ruchcie aus dem nahegelegenen Dorf Pankowic und Jewka, die aus unserem Ort stammte. Sie kamen ein Jahr lang zu uns und lernten an fünf Tagen in der Woche das Schneiderhandwerk.

Einige der Damenschneider ließen ihre Lehrlinge auch Hausarbeiten verrichten wie Putzen und Wasser- oder Holzholen. Surcie nutzte ihre Lehrlinge jedoch niemals aus.

Surcie und Lonie

Meine Schwester Surcie war in Lonie Halpern, einen Nachbarn, verliebt. Sie waren fünf Jahre lang befreundet, konnten aber nicht heiraten, weil Lonies ältere Schwester noch ledig war. Damals ließen es die Eltern nicht zu, daß ein jüngeres Kind zuerst heiratete, und schon gar nicht, wenn es sich um einen Jungen handelte.
Lonies Schwester Julia hatte einen Verlobten in Hamburg, und eigentlich sollte er nach Czernica kommen, um sie zu heiraten. Aber es gab irgendein Problem mit seinem Visum, und er durfte nicht einreisen.
Ich erinnere mich daran, daß mein Vater Surcie vorhielt, sie verschwende ihre Zeit mit Lonie und er werde sie nie heiraten, solange seine ältere Schwester keinen Mann habe. Meine Mutter hatte mehr Verständnis für Surcie – sie wußte, daß die beiden sehr verliebt waren. Leider kam dann der Krieg, und mit der Hochzeit war es endgültig vorbei.

In der Schule

Mit sechs Jahren kam ich in die erste Klasse der Grundschule. Der Tag in der Schule begann mit einem Gebet, und die anderen Kinder bekreuzigten sich jedesmal. In dieser Situation fühlte ich mich recht unbehaglich. Einige meiner Klassenkameraden zogen mich auf und sagten, ich müsse mich auch bekreuzigen. Mich brachte das immer ganz aus der Fassung. Ich war die einzige jüdische Schülerin in dieser Schule.

Das zweite Problem war, daß wir an sechs Tagen in die Schule mußten. Wir waren orthodoxe Juden, aber das wurde als Entschuldigungsgrund nicht anerkannt, und so mußte ich auch am Sabbat in die Schule. Ich besuchte dann zwar den Unterricht, schrieb aber nicht. Die Schule machte mir viel Spaß, und ich erhielt Auszeichnungen für hervorragende Leistungen. Ein Lehrer entdeckte meine künstlerische Ader und riet meinen Eltern, mich auf eine Kunstschule zu schicken. Leider war das einfach nicht möglich.

ROTE KARTOFFELN

Kartoffeln waren das Hauptnahrungsmittel. Wir bauten sie selbst an und verwendeten sie für unzählige Gerichte. Wir aßen sie gekocht, gebacken, als Kartoffelbrei, als Kartoffelpudding und als Kartoffelpiroggen. Außerdem eignete sich Kartoffelsuppe aus dunkler Mehlschwitze ausgezeichnet gegen Sodbrennen! Wir hatten auch ein Lied, das wir oft sangen: »Sonntags Kartoffeln, montags Kartoffeln, dienstags und mittwochs Kartoffeln, donnerstags Kartoffeln, freitags Kartoffeln, *Schabbos en scholent* (am Sabbat im Eintopf) auch Kartoffeln!«

BACKEN VON KARTOFFEL-LATKES

Wir aßen alle gern Kartoffel-*Latkes*, aber Mutter beklagte sich immer, wenn sie welche machen sollte. Die *Latkes* verschwanden nämlich meist, noch bevor sie sie auf den Tisch bringen konnte. Als mein Bruder und ich noch sehr klein waren, stibitzten wir die Kartoffelpuffer aus der großen Tonschüssel. Da Öl teuer war, machte Mutter die Puffer direkt auf der Eisenplatte des Herdes. Um ihnen etwas mehr Geschmack zu verleihen, wurden sie nach dem Backen noch mit ein paar Tropfen Öl und zerriebenem Knoblauch bestrichen. In Öl gebackene Puffer gab es nur zum Passah- und zum Chanukkafest.

Mein Onkel Mordche

Mein Onkel Mordche verdiente seinen Lebensunterhalt, indem er den Bauern Eier abkaufte und sie an die Händler in der Stadt weiterverkaufte. Den ganzen Tag war er auf den schmutzigen Straßen unterwegs, auf denen er manchmal bis zu den Knöcheln im Schlamm versank, nur, um von irgendeinem Bauern ein paar Eier zu bekommen. Das Hausieren war damals noch eine regelrechte Lebensweise. Onkel Mordche machte immer ein trauriges Gesicht. Er hatte zwei Töchter im heiratsfähigen Alter, aber arm zu sein und keine Mitgift für sie zu haben war schon ein Grund, traurig zu sein.

Über einen Heiratsvermittler fand er dann eines Tages doch Männer für sie. Die ältere Tochter, Scheiwa, heiratete einen Witwer mit drei Kindern. Chana, die jüngere, bekam einen jungen Mann aus Podchajew, einer Stadt nahe der russischen Grenze. Das war allerdings auch nicht gerade eine große Ehre: Die Leute aus dieser Gegend wurden *Fonie gonif*, russische Diebe, genannt.

Tante Rifka

Tante Rifka war eine einfache Frau und sehr häuslich, ganz wie mein Vater. Sie kleidete sich sehr traditionell, während meine Mutter einen moderneren Geschmack hatte.

Tante Rifka verstand sich nicht aufs Handeln und konnte ihrem Mann daher wenig helfen. In unserem Ort gehörten Tante Rifka und Onkel Mordche zu den wenigen Familien, die nicht in einem eigenen Haus wohnten. Meine Eltern halfen ihnen mit Lebensmitteln aus, und die Verwandten in Amerika schickten Kleider.

Vorbereitungen für den Sabbat

Einkaufen

Die meisten Grundnahrungsmittel lieferte unser Hof, und so mußten wir nur noch wenige Sachen dazukaufen, wie zum Beispiel Öl, Zucker, Salz, Pfeffer, Zimt und Kerosin für die Lampe. Süßigkeiten waren Luxus für uns. Wenn man Öl kaufen wollte, mußte man eine Flasche mitbringen, in die dann die gewünschte Menge abgefüllt wurde. Es gab auch keine Papiertüten. Der Gemischtwarenhändler nahm braunes Papier oder manchmal eine Zeitung, drehte daraus eine Tüte und füllte sie mit Zucker, Salz oder irgend etwas anderem aus den großen Säcken. Da Zeitungspapier in unserem Dorf knapp war, behalfen sich die Leute auch oft mit einem Tuch. Es wurde zu einem Bündel zusammengeschnürt und diente so als Einkaufstasche.

Koschermachen des Fleisches

Das gesalzene Fleisch wurde auf ein ovales Geflecht aus Birkenzweigen gelegt, unter dem die große Messingschüssel stand. Um mehr Licht zu haben, zündete meine Mutter immer zwei Kerzen an, gleichgültig, ob es draußen Tag war oder Nacht. Sie wollte sichergehen, daß das Salz auch gleichmäßig verteilt war — eine Tradition, die sie von ihrer Mutter übernommen hatte. Huhn und *Flanken* (Rindfleisch) gab es nur am Sabbat. Hin und wieder hatten wir auch unter der Woche eine Fleischmahlzeit, wenn Vater gerade geschlachtet hatte. Das meiste Fleisch verkaufte er, und anschließend gab es für uns ein Festessen mit Lunge, Herz, Leber, Pankreas und Backen.

Drelis, ein kalter Eintopf mit Kalbshaxe, war eine Sabbat-Delikatesse, und die kleinen Innereien gaben noch einmal eine Mahlzeit ab.

Challabacken

Jede jüdische Familie hätte notfalls einen ganzen Wochenverdienst dafür ausgegeben, um sich am Sabbat eine besondere Mahlzeit leisten zu können. An Werktagen gab es bei uns nie Kuchen, und so sah ich meiner Mutter gern dabei zu, wie sie den *Challa* (weißes Sabbatbrot) flocht, und ich lernte dabei auch backen.
Mutter backte auch für andere Dorfbewohner, um etwas nebenher zu verdienen. An Ostern bestellten die Bauern bei ihr einen Hefekranz, den sie *Paska* nannten. Für die Akademiker, also den Pfarrer und den Ingenieur, machte meine Mutter runde Küchlein.

Der galizische Chassid

Am Samstag und an hohen Feiertagen trug mein Vater einen *Schtramel* (Pelzmütze), wenn er am Gottesdienst teilnahm. Das war hauptsächlich bei den Chassidim, einer orthodoxen Gruppe, Brauch und ebenso bei den ultra-orthodoxen Juden in Galizien, jener Gegend in Polen, zu der auch unser Dorf gehörte.
Die Pelzmützen wurden aus Nerzschwänzen gemacht. Die reichen Juden ließen sie sich aus teuren, extra gezüchteten Nerzen machen, die armen trugen etwas spärlichere *Schtramels*, für die die Schwänze von wilden Nerzen verwendet wurden.

Anzünden der Sabbatkerzen

Am Freitagnachmittag wurde der Holzofen geheizt, und dann kam das *scholent* (Eintopf) über Nacht hinein, um am nächsten Tag für das Sabbatessen fertig zu sein. Im Haus wurde saubergemacht, alle zogen ihre guten Sabbatkleider und die frisch geputzten Schuhe an. Vor Sonnenuntergang segnete meine Mutter die Sabbatkerzen. Die Messingkerzenhalter hatte sie als Mitgift von ihren Eltern erhalten. Einen Gottesdienst gab es am Freitagabend nicht. Deshalb sprach mein Vater das Abendgebet allein, und anschließend wurde das Festmahl aufgetragen.

Hebräisch-Unterricht

Nach dem großen Mittagessen am Samstag brachte mir mein Vater Hebräisch bei. In unserem Ort gab es keine Bücherei, und so war an Bücher nicht leicht heranzukommen. Wenn ich samstags ein polnisches Buch las, das mir meine Freundin geliehen hatte, dann sagte mein Vater immer: »Am Sabbat liest du keine polnischen Bücher, am Sabbat liest du hebräische.« Er wollte nur, daß ich so viel Hebräisch konnte, um an hohen Feiertagen aus dem Gebetbuch vorlesen zu können.

Der Tallit

Der *Tallit* oder Gebetsmantel wurde täglich beim Morgengebet, am Sabbat und an den Feiertagen getragen. Wenn ein Junge drei Jahre alt wurde, legte ihm sein Vater einen Gebetsmantel um und brachte ihn zum ersten Mal in den *Cheder.* Wenn er heiratete, erhielt ein Mann seinen eigenen Gebetsmantel.
Mein Vater besaß einen großen wollenen Gebetsmantel mit einem weiten, silberbestickten Band. Wenn die Schaufäden oder *Zizit* (Fransen) aufgrund der täglichen Benutzung abgetragen aussahen, ersetzte mein Vater sie durch neue, die er selbst aus Wolle knüpfte.

Die Feiertage

Säubern der Haushaltsgeräte

Schon mehrere Wochen vor dem Passahfest begannen wir mit dem Großreinemachen: Die Kleider wurden ausgelüftet, um den stickigen Wintergeruch zu vertreiben; alle Haushaltsgeräte, die wir zum Backen benutzten, wurden ausgewaschen; die Herde wurden frisch gekalkt, und unser Fußboden erhielt eine neue Schicht aus gelbem Lehm, den wir im Hof ausgruben und mit Wasser mischten.
Die alten, ramponierten Bänke wurden mit einer Bürste bearbeitet, wozu wir als Reinigungsmittel Sand nahmen. Ich kehrte den Boden immer mit einem Besen, den mein Vater aus Birkenzweigen gemacht hatte. Ich war noch klein und konnte den Besen kaum in meinen Händen halten — er war genauso groß wie ich.

Erneuern des Lehmbodens

Der Fußboden brauchte im Frühjahr eine besondere Behandlung. Mein Vater kratzte den Schmutz, der sich in der Nähe der Eingangstür angesammelt hatte, mit einer Schaufel ab. Dann trug Lajcie die neue Lehmschicht auf.

Ich hatte oft ein schlechtes Gewissen, weil Lajcie den größten Teil der schweren Hausarbeiten verrichtete. Aber ich war die Jüngste, war verwöhnt und drängte mich nicht gerade häufig dazu, mitzuhelfen. Meine Aufgabe war es, die Kleiderschränke in Ordnung zu halten und vor dem Sabbat und den Feiertagen alle Schuhe zu putzen.

Die Töpfe für das Passahfest

Gemäß den jüdisch-orthodoxen Gesetzen mußte am Passahfest ein besonderes Geschirr benutzt werden, besondere Teller und Töpfe und anderes Besteck. Vor den Feiertagen holten wir immer die Kiste mit dem Passahgeschirr vom Dachboden und packten sie aus. Jedes einzelne Teil hatte seine Geschichte. Meine Großmutter Chaje-Dine hatte uns die Schüssel mit den roten Blumen geschenkt, und der weiße Emailtopf stammte von Tante Matel.

Damals bekam man solche Töpfe als Hochzeitsgeschenke. Auch die Teller wurden von der Mutter an die Tochter weitergegeben. Die Emailtöpfe, die wir das ganze Jahr über benutzten, bekamen im Lauf der Zeit Löcher, aber es wurde nichts weggeworfen. Mein Vater flickte sie mit Blei, und so konnten wir die Töpfe weiterbenutzen.

Wenn nichts anderes zur Hand war, wurde ein kleines Loch auch mal mit einem winzigen Stück Stoff abgedichtet, so daß der Topf wenigstens noch als Vorratsbehälter dienen konnte. Jeder Topf wurde gebraucht, denn man hatte keinen in Reserve.

Der Eierkorb

Nach dem Purimfest begannen die Vorbereitungen für das Passahfest. Mutter begann Eier zurückzulegen. Die Gänse waren schon gemästet und schlachtreif. Das Gänseschmalz kam an den Kartoffelbrei, an Suppen, oder es wurde auf die Matzen gestrichen. Die Grieben, kleine Stückchen von gebräuntem Fett, die nicht längere Zeit aufbewahrt werden konnten, strichen wir uns gleich mit viel Genuß auf ein Stück Brot. Für die Passahmahlzeiten wurden Dutzende von Eiern gebraucht. Wir verschlangen sogar hartgekochte Eier ohne etwas dazu. Auf die Matzen und die Nudeln, die aus den Eiern gemacht wurden, freuten wir uns das ganze Jahr.

Die Zubereitung von Charosset

Der Messingmörser und der Stößel waren schon über viele Generationen hinweg vererbt worden. Das Jahr über dienten sie dazu, Zimt, Pfeffer und Knoblauch zu zerstoßen. Für Passah wurden sie dann jedes Jahr den orthodoxen Vorschriften gemäß koscher gemacht und zum Zerkleinern der Nüsse für *Charosset* verwendet. Das war eine Mischung aus zerstoßenen Äpfeln und Nüssen mit Wein, die am Sederabend gegessen wurde. Die Zubereitung war Aufgabe meines Vaters, und wir durften vor dem Festessen nichts davon versuchen. Diese köstliche Beilage ist ein Symbol für den Lehm, mit dem die versklavten Juden einst die Pyramiden der ägyptischen Pharaonen gebaut haben.

Unser Seder

Mein Vater hielt den Sederabend liegend vom Bett aus, indem er sich auf die Kissen stützte. Er trug den *Kapote*, einen schwarzen Rock aus Seide, der von einem seidenen Gürtel zusammengehalten wurde. Vor dem Bett hatten wir einen langen Tisch aufgestellt, auf dem ein weißes Damasttischtuch lag. Alles auf dem Tisch war *jomtowdik* (festlich). Meine Mutter, meine Schwestern und ich zogen unsere besten Kleider an und nahmen auf einer Bank Platz. Mein Bruder saß an der Stirnseite zu meinem Vater hin. Der jüngste Sohn der Familie — also er — mußte die vier Fragen stellen.

Ich erinnere mich daran, daß ich als kleines Kind ungeduldig darauf wartete, mit dem Wein und dem herrlichen Essen anfangen zu dürfen. Mein Vater sang die *Haggada* auf hebräisch in derselben Weise und mit derselben Melodie wie sein Vater. Als Jüngste durfte ich die Tür für Elias öffnen. Ich erinnere mich noch, daß ich immer den Eliasbecher im Auge behielt, um zu sehen, ob schon etwas Wein daraus verschwunden sei. Meine Mutter erzählte Eliaslegenden, die sie noch aus ihrer Jugend kannte.

Kreplach

An *Schawuot* (Erntedankfest) schmückten wir unser Haus mit Zweigen und frischem Grün. Hinter die Bilderrahmen an den Wänden steckten wir kleinere Zweige, und auf den Tisch kam ein Strauß Wiesenblumen.
An diesem Feiertag, mit dem auch der Übergabe der Zehn Gebote gedacht wurde, war es üblich, nur Milchprodukte zu essen. Das sollte daran erinnern, daß die Kinder Israels nach Moses' Rückkehr ein Fest feiern wollten, dabei jedoch kein Fleisch essen konnten, da nicht genug Zeit war, es koscher zu machen.
Vor dem Fest bereitete Mutter eine Extramenge Käse und saure Sahne zu und brachte sie in den Keller, wo die Speisen kalt blieben (unser Kühlsystem). Unser Lieblingsessen an diesem Fest waren mit Käse gefüllte *Kreplach* (Teigtaschen).

Die Kerzenhalter

Vor *Rosch Haschana* und *Jom Kippur* (Neujahr und Versöhnungstag) sprach meine Mutter, während sie die Kerzen für den *Jom-tow* (Feiertag) segnete, die Gebete mit lautem Schluchzen. Es war ein sehr gefühlsbetonter Augenblick. Als Kind wollte ich unbedingt wissen, warum sie weinte. Daraufhin erklärte sie: »Gott erhört die Gebete, wenn sie mit sehr viel Gefühl vorgetragen werden.«

Der Baal Tefilla

An *Rosch Haschana* und an *Jom Kippur* hatten wir einen *Baal Tefilla* (Vorbeter), der aus Podkamien kam und die Gottesdienste in unserem Haus hielt. Es waren sehr düstere Feiertage. Vor dem *Kol Nidre* holte mein Vater immer ein paar Bündel Stroh aus der Scheune und verteilte sie auf dem gestampften Lehmboden im großen Zimmer, wo die Männer waren, und in der Küche, wo sich die Frauen aufhielten. Da man an *Jom Kippur* keine Lederschuhe tragen durfte, sorgte das Stroh dafür, daß unsere Füße, die ja nur in Strümpfen steckten, warm blieben. Am späten Abend wurde das Stroh dann in einer Ecke aufgeschichtet, mit einem Laken überspannt und diente so als Matratze. Mein Onkel Mordche blieb bei uns, denn es war Sitte, am Ort der Andacht zu übernachten und das Abbrennen der *Jahrzeitkerzen* zu beobachten. Die Kerzen waren selbstgemacht und wurden angezündet, um der Toten zu gedenken.

Kapores-Schlagen

Eine Bußzeremonie. Sie wurde am Morgen vor dem *Kol Nidre*, einem besonderen Gebet anläßlich des Jom-Kippur-Tages, ausgeführt. Das Ungewöhnliche daran war, daß man dabei ein Huhn als Symbol für den Sündenbock benutzte. Während meine Schwestern und ich für die Vergebung unserer Sünden beteten, schwenkte Surcie das Huhn über unsere Köpfe. Anschließend gaben meine Eltern Spenden für die Armen. Mit Pferd und Wagen holte mein Vater den *Schochet*, den Schächter, aus dem nächsten *Schtetl*. Alle jüdischen Frauen brachten dann ihre *Kapores*-Hühner (die »Sündenböcke«) zu uns auf den Hof, um sie noch am selben Morgen für das Festessen vor Jom Kippur schlachten zu lassen.

Sukkot (Laubhüttenfest)

Sukkot ist das Fest im Herbst, an dem sich die Juden der vierzig Jahre dauernden Wüstenwanderung ihrer Vorfahren erinnern, indem sie ihre Mahlzeiten in einer offenen Schutzhütte *(Sukka)* einnehmen, die der ihrer Vorfahren ähnlich ist.
Unsere Sukka war mit keiner anderen zu vergleichen, weil sie bei uns in der Diele eingerichtet wurde. Vater entfernte einige Dachziegel direkt oberhalb der Öffnung, die von der Diele aus zum Dachboden führte. Dann nahm er die längsten Maisstangen, die er finden konnte, um die Öffnung etwas abzudecken. Unsere Sukka war nicht besonders geschmückt, sondern bestand nur aus einem Tisch und zwei Stühlen. Vater war sehr stolz darauf, daß meine Mutter das Essen nicht wie die anderen Frauen nach draußen tragen mußte. Als ich noch klein war, wollte ich auch immer in der Sukka essen, aber meine Mutter erklärte mir, daß nur Männer darin essen dürften. So war es zumindest in unserem Dorf.

CHANUKKA

Bei uns zu Hause hatten wir einen Chanukkaleuchter, eine *Menora*, aus Messing. Vater legte einen Baumwollfaden in jeden mit Öl gefüllten Halter und zündete ihn an. Von meinen Eltern erhielt ich *Chanukkageld*. Einige der Armen hatten keine Menora und mußten sich anders behelfen. Sie nahmen eine kleine Kartoffel und schnitten sie oben und unten ab, um ihr einen besseren Stand zu verleihen. In eine kleine eingeschnittene Mulde steckten sie dann eine Kerze. Die Leute lernten, mit dem auszukommen, was sie hatten.

Purim

Von den Purimfesten, die ich als Kind erlebte, sind mir vor allem zwei Dinge im Gedächtnis geblieben: Die Verlesung der *Megilla*, der »Rolle der Königin Esther«, die beim trüben Licht einer Kerosinlampe stattfand, und die Vorbereitungen für das Backen der *Hamantaschen* (ein besonderes Gebäck für das Purimfest). Das Zerstoßen des Mohns für die Füllung machte richtig Spaß. Die Mohnkapseln, die in unserem Garten wuchsen, leerten wir in ein großes Tongefäß. Während Lajcie den Topf hielt, gab meine Mutter Zucker hinzu und zerrieb die Mischung dann in kreisförmigen Bewegungen mit Hilfe eines Gerätes aus Holz. Es hatte die Form eines Kopfes und wurde *Makuhin* genannt.

Ich erinnere mich noch, daß ich gern versuchte, etwas von dem Brei, der auf dem Makuhin klebte, zu *naschn*. Wenn mich meine Mutter dabei erwischte, sagte sie immer: »Wenn du von dem Brei auf dem Makuhin naschst, wirst du einen Glatzkopf zum Mann bekommen!« Ich erinnere mich auch an den Spruch: »Heute ist Purim, morgen ist alles vorbei, gib mir einen Pfennig und schmeiß mich dann raus.«

Unsere Nachbarn

Schimon Katz

Obwohl unser Dorf sehr klein war, gab es eine strenge Klasseneinteilung. In Czernica lebten zehn jüdische Familien, die zu vier verschiedenen Klassen gehörten. Da war einmal der *Oischer* (der reiche Mann), dann der *Talmud-Chuchem* (der Talmud-Gelehrte), der *Balebattischer* (der Mann aus der angesehenen Mittelschicht) und schließlich der *Kabzan* (der arme Mann).

Unser Nachbar Schimon war arm. Seinen Lebensunterhalt verdiente er als Hausierer. In verschiedenen Dörfern kaufte er Flachs, Roßhaar und Federn, die er dann weiterverkaufte. Wenn Chaim Parnes aus Ponikwa ins Dorf kam, um Kühe zum Schlachten zu kaufen, brachte Schimon ihn zu den Bauern, die schlachtreifes Vieh hatten. Sein Sohn Abram war ebenfalls fahrender Händler. Eines Tages verliebte sich Abram in meine Kusine Dusia Knobel. Doch ihre Mutter Tema war aufgebracht, weil sie nicht wollte, daß ihre Tochter einen armen Jungen heiratete. Sie setzte alles daran, um der Liebesbeziehung ein Ende zu bereiten. Nach langem Hin und Her behielt schließlich Abram die Oberhand und heiratete Dusia 1939. Ein Jahr später wurde ihr Sohn Srulek geboren.

Hersch Milrom

Hersch Milrom war der *Oischer*, der Reiche im Dorf. Er besaß einen Gemischtwarenladen, den ihm seine Tochter führte. In einem einzigen großen Raum verkaufte er außer Lebensmitteln Leder für Schuhe und Stiefel sowie Zigaretten. Jeder ließ sich Schuhe und Stiefel nach Maß machen, so daß das Geschäft mit dem Leder recht einträglich war. Eine Lizenz zum Verkauf von Zigaretten zu bekommen war nicht leicht, doch Hersch Milrom hatte eine. Er besaß auch Land. Einige Bauern machten gegen Bezahlung die Arbeit auf seinen Feldern und im Stall.

KATERINA

Unsere Nachbarin Katerina und ihre Kinder gingen uns bei vielen Arbeiten zur Hand. Sie selbst half uns immer beim Kornsieben in der Scheune, und ihr Sohn häckselte das Stroh. Ihre Tochter Jewka erledigte Besorgungen für uns am Sabbat, da wir selbst nicht arbeiten durften. Im Winter heizte sie den Ofen an, damit es im Zimmer warm wurde. Als Gegenleistung dafür nähte Mutter Katerinas handgemachte Leinenhemden mit ihrer Maschine nach. Nur wenige Leute besaßen damals eine Nähmaschine.

Bei der Haferernte

Unser Nachbar Wasyl arbeitete für uns auf dem Feld. Er schnitt den Hafer und das Gras mit einer Sense. Da einige Äcker zwei Kilometer von unserem Hof entfernt lagen, nahm Wasyl sein Pferd und seinen Wagen, um Hafer und Heu zu unserer Scheune zu bringen. Anfang der dreißiger Jahre besaßen meine Eltern selbst ein Pferd und zwei Kühe. Als es wirtschaftlich bergab ging, verkaufte mein Vater das Pferd und eine Kuh. Die zweite Kuh behielten wir, um Milch für unseren eigenen Bedarf zu haben.

Karolczycha

Karolczycha war die Ärztin in unserem Dorf. Was sie über die Behandlung von Kranken wußte, hatte sie sich selbst beigebracht. In ihrem Garten zog sie alle möglichen Arten von Kräutern. Sie trocknete sie und verwendete sie bei Bedarf als Heilmittel. Sie besaß ein Buch über Kräuterheilkunde, und darin informierte sie sich über die entsprechenden Verfahren. Es gab nicht viele Frauen ihres Alters, die überhaupt lesen konnten. Karolczycha war kinderlos und immer bereit, Menschen in Not zu helfen. Von Zeit zu Zeit nahm sie ein krankes Mädchen für einige Tage zu sich und pflegte es mit selbstgemachten Heilmitteln, damit die Familie sich nicht darum kümmern mußte und weiter zur Arbeit gehen konnte.

Frau beim Wassertragen

Mitten durch unser Dorf floß ein Bach, an dessen Lauf einige natürliche Quellen aus dem Boden sprudelten. Die Frauen kamen mit Eimern zu den mit Zement eingefaßten Brunnen, um das frische Quellwasser zu schöpfen. Zu Hause benutzten sie es dann nicht nur als Trinkwasser, sondern auch als Wasser für die Wäsche. Die älteren Bäuerinnen trugen lange Röcke und Tücher, die sie unter dem Kinn zusammenbanden. Die jüngere Generation zog Röcke mittlerer Länge vor. Die meisten Frauen gingen barfuß.

Waschen

Ein paarmal im Jahr und vor allem vor einem Feiertag wusch Katerina unsere Leintücher, das schwere Bettzeug und die Leinenhandtücher in einem großen hölzernen Waschtrog. Das Wasser wurde auf dem Herd in einem großen Metalltopf gewärmt. Katerina benutzte ein hölzernes Waschbrett zum Schrubben der Wäsche und kochte sie anschließend mit Bleichsoda aus, damit sie auch sauber wurde. Im Bach spülte Katerina die Sachen dann aus, indem sie sie im Wasser mit einem Holzbrett schlug. Im Winter war ihre Schürze steif gefroren. Die ganze Wäsche nahm zwei Tage in Anspruch.

Spinnen

Die Bauersfrauen spannen den Flachs zu Fäden, aus denen der Weber dann auf einem selbstgebauten hölzernen Webstuhl Leinen herstellte. Um das Leinen weiß zu bekommen, trugen die Frauen es zum Bach, machten es naß und legten es dann zum Bleichen in die Sonne. Es dauerte Tage, bis das gewünschte Resultat erreicht war. Aus Leinen waren damals Bettlaken, Handtücher, Tischtücher, Schürzen und Arbeitshemden. Wir bestickten die Handtücher mit rotem und schwarzem Kreuzstich und nähten manchmal auch Borten auf.

Federn zupfen

An Winterabenden lud meine Mutter manchmal Bäuerinnen aus der Nachbarschaft zu einer Federzupfparty ein. Sie setzten sich um den Tisch herum, erzählten sich Witze und kleine Geschichten und hatten ihren Spaß, während die Arbeit vonstatten ging. Wenn sie fertig waren, servierte Mutter gebackene Kartoffeln mit Hering. Mit den Federn wurden Kissen und Federbetten gefüllt. Aus Entenfedern machte man Pinsel zum Glasieren von Gebäck, die Schwungfedern wurden zu Staubwedeln.

Wasyl beim Sonntagsspaziergang

Wasyl kam oft zu Besuch und saß dann mit meinem Vater und einem weiteren Nachbarn zusammen. Sie sprachen über Politik oder tauschten Erinnerungen an den Ersten Weltkrieg aus. Am häufigsten ging es um die Frage, wie Amerika Polen wirtschaftlich helfen könnte. Ich war immer ganz neugierig auf das, was sie sagten, und lauschte gern ihren Geschichten.
Wasyl trug oft seinen selbstgemachten, von Hand genähten Mantel aus Schaffell. Er war kastanienbraun gefärbt und mit schwarzem Fell besetzt. Solche Mäntel waren in unserem Dorf damals sehr beliebt.

Der Samowar

Nur reiche Leute besaßen einen Samowar. In ihm bereitete man den Tee für die Gäste zu. In den inneren Behälter wurde brennende Kohle gelegt, das Wasser kam in den Bauch des Gefäßes. Oben auf dem Samowar stand die Kanne mit dem Tee. Am Rand unseres Dorfes lebte ein reicher Mann, dem ungefähr achtzig Hektar Land gehörten. In Polen nannte man einen Landbesitzer *Puritz* und behandelte ihn mit großem Respekt. Dieser Mann wohnte in einem großen Haus mit vielen Zimmern; er hatte mehrere Dienstmädchen. In einem anderen Gebäude waren seine Arbeiter untergebracht, und ein drittes diente als Stall. Im Haus wohnten drei Generationen zusammen: die Eltern, der Sohn und dessen Familie. Die zwei Töchter hielten sich von den Leuten im Dorf fern. Der *Puritz* pflegte nur Umgang mit reichen Leuten. Nur der Großvater machte eine Ausnahme, denn er besuchte uns gelegentlich. Er mochte unsere Familie.

Ukrainisches Mädchen

Die Ukrainer trugen ihre Nationaltracht bei Festlichkeiten, an Feiertagen und auch als Hochzeitskleid. Einige Mädchen gingen sonntags in ihrer Tracht zur Kirche. Nach dem Gottesdienst liefen sie Hand in Hand nach Hause und sangen dabei ihre Lieder.
Die Mädchen stickten sich mit Kreuzstichen Muster auf ihre weißen Baumwollblusen. Dabei benutzten sie rotes und schwarzes Garn. Meine Mutter nähte ihnen oft die schwarzen Samtwesten dazu. Sie zeichnete ein bestimmtes Muster auf den Stoff und nahm für die Stickereien Garn in kräftigen Farben.

Die Hochzeitstorte

Meine Mutter backte Hochzeitstorten für die Nichtjuden. Für dieses spezielle Backwerk aus hellem Teig wurde eine Form benutzt, die einen Durchmesser von 65 Zentimetern hatte und etwa 35 Zentimeter hoch war. Als Verzierung wurden einige ebenfalls aus Teig gebackene Rosen, Vögel und Blätter auf die Torte gelegt. Die Augen der Vögel waren aus dunklen Kräutern.

Die Hochzeitstorte mußte groß sein, weil die Bauern immer alle Bewohner des Dorfes zur Hochzeit einluden. Die Feiern fanden meistens in der Scheune statt, weil in den Häusern nicht genügend Platz war. Die Torte wurde auf einem großen Tablett hereingebracht, und die vier Männer, die sie trugen, tanzten im Kreis. Dann wurde sie für die Gäste angeschnitten.

Surcie

Toby

Lajcie Aron

Meine Mutter

Mein Vater

Familienbilder — Gedanken

Wir führten ein einfaches, hartes Leben, aber in unserer Familie herrschte ein großes Zusammengehörigkeitsgefühl. Nicht alle von uns waren mit dem Leben auf dem Lande zufrieden. Ein *Dorfischer* (Dorfbewohner) zu sein, wurde von vielen als Makel angesehen. Vater war der einzige, der mit dem bäuerlichen Dasein glücklich und zufrieden war. Mutter wäre glücklicher gewesen, wenn wir in Podkamien, dem nächsten *Schtetl*, gewohnt hätten — wegen der Kinder.
Surcie wollte gern in ein *Schtetl* ziehen, aber in Wirklichkeit träumte sie von Amerika. Auch ich wäre gern in ein *Schtetl* gegangen, um eine bessere Ausbildung zu bekommen, anstatt Schneiderin zu werden, wie es mein Vater wollte. Insgeheim war es jedoch mein Traum, Künstlerin zu werden. Mein Bruder Aron und meine Schwester Lajcie zeigten ihre Gefühle nie.
Aber alle unsere Träume und Hoffnungen wurden zerstört, als der Zweite Weltkrieg begann.

Die russische Besatzung

Kriegslärm

Am Morgen des 1. September 1939 wurde ich durch ein lautes Hornsignal geweckt. Die Glocken der beiden Kirchen in unserem Dorf läuteten ungewöhnlich lange. Ich fragte, was geschehen sei. Mit zitternder Stimme teilte mir meine Mutter die schlechte Nachricht mit: Das sei der Alarm für den Krieg. Es war ein trauriger Tag. Wir hatten Angst und wußten nicht, was auf uns zukam. Schon bald darauf hörten wir, wie Brody bombardiert wurde. Die Stadt lag etwa zwanzig Kilometer von Czernica entfernt. Unser Ort war nicht direkt von den Angriffen betroffen, wir sahen nur, wie die Militärflugzeuge im Formationsflug den Himmel durchzogen. Die Menschen begannen, Zucker, Salz und Kerosin für die Lampen zu hamstern. Einige Zeit später breitete sich das Gerücht aus, der polnische Präsident Ignaz Moscicki wolle ins Ausland fliehen und sei dabei durch unser Dorf gekommen.

Öffnung der Gefängnisse

Die Nazis besetzten das westliche Polen, während die Russen den östlichen Teil in ihre Gewalt brachten. Nach etwa zwei Wochen war unsere Gegend von Russen besetzt, ohne daß es zu Zwischenfällen gekommen wäre. Die Kommunisten, die man vor dem Krieg in Polen ins Gefängnis gesteckt hatte, wurden befreit. Die Nachricht, daß auch Mörder und sonstige Kriminelle freigelassen wurden, wenn sie nur behaupteten, Kommunisten zu sein, jagte uns einen gehörigen Schrecken ein. Leute, die bis dahin arm gewesen waren, kamen in die Regierung, ohne zu wissen, wie man regiert. Die Reichen wurden nach Sibirien geschickt, ihre Häuser erhielten die Armen. Einige Reiche bestachen die Beamten, um in Polen bleiben zu dürfen. Einige Lebensmittel wurden knapp. Allerdings waren wir davon kaum betroffen, da wir das meiste von dem, was wir benötigten, selbst anbauten. Nur Kerosin und Zucker waren schwer zu bekommen. Unter der kommunistischen Herrschaft wurden die Geschäfte, die sich in privater Hand befanden, geschlossen. Die Eigentümer versteckten ihre Ware und tauschten sie später bei den Bauern gegen Lebensmittel ein.

Auf dem Weg zum Tanz

Nachdem die russischen Soldaten bei uns in der Nachbarschaft einmarschiert waren, zogen sie auch häufig zum Einkaufen los. Sie kauften alles, was sie an Uhren, Kleidern und Damenunterwäsche bekommen konnten. Die Offiziere hatten nämlich ihre Frauen an ihre Standorte nachkommen lassen, und diese dachten nun, bei der ausgefallenen Unterwäsche handle es sich um Partykleider. Also zogen sie sich die Nachthemden an und gingen damit zum Tanzen.
Die Soldaten prahlten auch häufig mit den großen Fabriken, die es in Rußland gebe. Wenn man sie fragte, ob sie in Rußland auch Orangen hätten, antworteten sie: »Oh, wir haben riesige Orangenfabriken.« Sie wußten nicht einmal, was eine Orange ist.

Sitzung

Probleme gab es in unserem Dorf erst, als die kommunistischen Bauern versuchten, alle zum Eintritt in die Kommunistische Partei zu überreden. In den Familien kam es zu Auseinandersetzungen, weil die Meinungen darüber häufig geteilt waren. Die Sitzungen der Kommunisten fanden immer mitten im Dorf statt. Mutter befand sich in einem echten Dilemma. Da es in unserem Ort kein Restaurant gab, bat der Bürgermeister immer meine Mutter, das Essen für seine offiziellen Gäste zuzubereiten, und bezahlte sie dafür. Im Lauf der Zeit hatte sie ein recht freundschaftliches Verhältnis zu den Polizeibeamten und sonstigen Amtsträgern in der Gegend entwickelt. Das war noch vor dem Krieg. Als dann der Kommunismus Einzug hielt, waren diese Leute der Meinung, meine Mutter sollte sich als Zeichen ihrer Unterstützung auch auf die Seite der neuen Machthaber stellen. Wenn meine Mutter also nicht an den Treffen der Kommunisten teilnahm, konnte man ihr das leicht als antirussische Haltung auslegen. Damit riskierte sie, nach Sibirien geschickt zu werden. Nahm sie jedoch an den Treffen teil, würde man sie für eine Kommunistin halten, und das wollte sie auch nicht.

Die Komsomolzen

Unterdessen hatte ich in der Schule meine eigenen Probleme. Ich lernte nun Russisch, und der Unterricht war viel besser geworden, aber man forderte mich auf, dem Komsomol, der kommunistischen Jugendorganisation, beizutreten. Aber ich war keine Kommunistin, also lehnte ich ab. Die beiden russischen Lehrer an unserer Schule nahmen mir diese Entscheidung übel. Bei einem Auftritt in unserem Veranstaltungssaal standen dann eines Tages die Komsomolzen mit ihren roten Halstüchern in der Mitte der Bühne, während ich und zwei ältere Mädchen zur Seite gedrängt wurden. Ich erinnere mich noch daran, daß mich dieser Vorgang tief verletzte und ängstigte.

Meine Kusine Pesia

Trotz der Gerüchte, daß die Juden in Warschau mißhandelt würden, wollte meine Kusine Pesia Lewaj zu ihrem Mann zurück. Sie sagte, sie wolle, daß die Familie wieder beisammen sei, ganz egal, was passiere. Nachdem die Deutschen Warschau besetzt hatten, war sie mit ihren drei Kindern aus der Stadt geflohen und hatte mit ein wenig Glück die Grenze zum russisch besetzten Polen überquert. Bei ihrer Mutter in Brody kamen sie unter. Ihr Mann sollte nachkommen, wurde jedoch festgehalten. Nach ein paar Monaten forderten die russischen Behörden alle Leute, die aus dem deutsch besetzten Polen gekommen waren, auf, sich registrieren zu lassen. Ihnen wurde erklärt, sie könnten bald zu ihren Familien zurück. Also trug sich meine Kusine Pesia mit ihren drei Kindern ein. Doch eines Tages hieß es, sie seien Verräter. Mitten in der Nacht wurden sie abgeholt und nach Sibirien verfrachtet. Für die Menschen war es damals ein schrecklicher Schlag, aus ihrer Heimat weggeschickt zu werden. Doch obwohl meine Kusine und ihre Familie unter der Kälte, dem Hunger und der schweren Arbeit in Sibirien sehr litten, entkamen sie doch auf diese Weise dem Naziterror und überlebten.

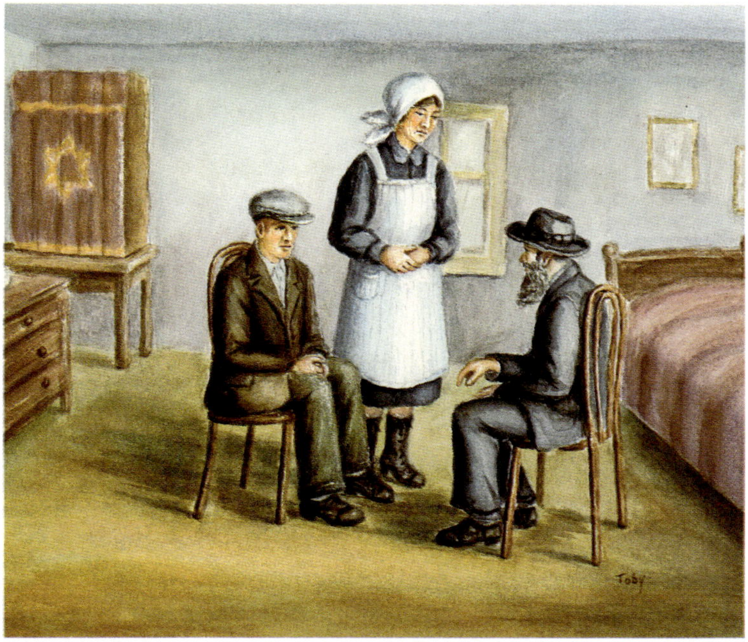

Diskussionen

Allmählich gewöhnten wir uns an das Leben unter russischer Besatzung. Als wir hörten, daß die Juden im deutsch besetzten Polen verspottet würden, kamen wir zu der Überzeugung, noch einmal Glück gehabt zu haben. Geschichten gingen von Mund zu Mund, daß den Leuten dort ihr Hab und Gut weggenommen würde und daß die Deutschen den frommen alten Juden auf der Straße die Bärte abschnitten. Als die Deutschen dann immer mehr Länder überfielen, begannen die Leute, von Flucht zu reden. Sie sagten, sie wollten lieber nach Rußland gehen, als nur dazusitzen und auf die Ankunft Hitlers zu warten. Mein Vater und einige andere meinten, die Deutschen würden sich nur für Ärzte und Juristen interessieren und nicht für uns Bauern. Meine Mutter und Surcie wollten ebenfalls weg, aber mein Vater war dagegen. Er wollte den Hof und seine gewohnte Welt nicht verlassen.

Die deutsche Besatzung

Jom Kippur im Wald

Im Sommer 1941 marschierten die Nazis in unser Dorf ein. Sie saßen zu dritt auf ihren Motorrädern mit Beiwagen in sauberen Uniformen und mit polierten Stiefeln. Ein junger Soldat versicherte uns, daß niemandem ein Leid geschehen werde. Doch schon bald fanden die ersten Razzien statt. Erst befahlen die Nazis den Juden nur, ihr ganzes Gold und Silber herauszubringen. Dann kamen sie, um Männer für die Arbeitslager abzuholen. Meine Eltern waren mit einigen Leuten aus der örtlichen Verwaltung befreundet, und so bekamen sie meistens Tips, wenn die Nazis wieder anrückten. Daraufhin warnten wir dann auch die anderen Juden. Kurz vor Jom Kippur hatten uns unsere Freunde wieder einen Hinweis gegeben.
An Jom Kippur versteckten wir uns dann alle in den Wäldern. Meine Mutter, meine Schwestern und ich gingen in die eine Richtung, mein Vater und mein Bruder in die andere. Den ganzen Tag liefen wir im Wald umher und trafen uns erst am Abend wieder. Meine Mutter meinte, es sei so bestimmt, daß wir Jom Kippur gemeinsam verbrächten.

Im Gefängnis

Die Nazis verschleppten nicht nur viele Männer und steckten sie ins Arbeitslager, sondern befahlen auch allen jüdischen Bauern, ihren Weizen zum größten Teil abzugeben. Hätten wir ihnen all das Getreide gegeben, das sie verlangten, dann wären wir verhungert. Als meine Eltern wieder einmal vor dem Eintreffen der Deutschen gewarnt wurden, beschlossen sie, dieses Mal allein in den Wald zu gehen. Mein Vater dachte, die Deutschen würden jüngeren Leuten nichts tun. Also blieben meine Schwestern und ich in der Scheune zurück, um das Stroh zu häckseln. Als die Deutschen kamen, erklärten wir ihnen, unser Vater hätte bereits einen Teil des geforderten Getreides abgeliefert, aber mehr könnten sie nicht bekommen, weil schließlich auch noch die Familie ernährt werden müßte. Wir wurden alle drei festgenommen. Die nächsten drei Wochen verbrachten wir im Gefängnis in Brody. Meine Mutter bestach ein paar Beamte der Gefängnisverwaltung, und wir wurden freigelassen. Es hieß, eine Woche später wären wir in ein Konzentrationslager gekommen. Bis dahin hatten wir zwar über die Arbeitslager einiges gehört, aber noch so gut wie nichts über Konzentrationslager.

Auf dem Weg ins Ghetto

Im Herbst 1942 befahlen uns die Nazis, den Hof zu verlassen und nach Brody ins Ghetto zu ziehen. Das gleiche widerfuhr auch den anderen Juden. Alle strenggläubigen Männer wurden gezwungen, sich die Bärte abzurasieren. Mein Vater empfand das als schwere Demütigung. Wir luden unsere Sachen auf zwei Wagen, die die örtliche Verwaltung uns geschickt hatte. Wir nahmen hauptsächlich Lebensmittel mit: Mehl, Kartoffeln und Bohnen. Unser Haus übergaben wir dem Sohn unserer Nachbarin Katerina. Auch die Möbel, die Nähmaschine und einige Kleiderstücke bekamen die Nachbarn. Wir hofften, nach dem Krieg zurückzukommen und dann alles wiederzuerhalten. Tante Tema und unsere Kusine Dusia gingen in den Wald, um sich dort zu verstecken. Sie warnten uns davor, ins Ghetto zu ziehen, und sagten, sie hätten gehört, daß man uns wahrscheinlich umbringen wollte. Doch niemand wollte so etwas glauben.

Das Ghetto in Brody

Die Nichtjuden kamen immer an den Stacheldraht, der das Ghetto einschloß, und verkauften uns Brot und Kartoffeln zu Wucherpreisen. Nur wenige hatten genug Geld, um etwas davon zu kaufen. Diese Art des Handels war auch nicht ohne Risiko. Wenn ein deutscher Wachmann das Geschäft beobachtete, nahm er dem Juden die Lebensmittel weg und schlug auf den armen Teufel ein.
Nachdem man die Juden ins Ghetto gesteckt hatte, wurden ihnen die Lebensmittel stark rationiert. Das Ghetto in Brody existierte ungefähr ein Jahr, und in dieser Zeit starben drei Viertel der Bewohner an Hunger, Krankheit oder Kälte.

Die Männer mit dem Wagen

Die beiden Männer und der Handwagen waren in den Straßen des Ghettos ein täglicher Anblick. Die Deutschen hatten den Juden befohlen, selbst für den Abtransport der Leichen zu sorgen. Die Benutzung eines Einspänners zu diesem Zweck war untersagt. Statt dessen zwangen die Deutschen die Juden, den Handwagen mit den Leichen selbst zu ziehen.

Wir, die wir aus dem Dorf gekommen waren, hatten es etwas besser als die Leute aus der Stadt. Während sie hungern mußten, hatten wir noch einen gewissen Vorrat an Kartoffeln, Korn und Mehl, alles Sachen, die wir von unserem Hof mitgebracht hatten.

Es war eine große Qual für uns, die Menschen leiden zu sehen, aber wir konnten nicht allen helfen. Ein paar jedoch unterstützten wir, so gut es ging.

Trennung von der Familie

Im März 1943 kursierte plötzlich das Gerücht im Ghetto, daß der Beginn der Liquidierung für den nächsten Vormittag angesetzt sei. Es gab eine unbeschreibliche Panik. Männer und Frauen waren verzweifelt. Einige weinten, andere beteten. Die Kinder waren verwirrt, weil sie die Lage gar nicht richtig begreifen konnten. Die Leute im Ghetto überlegten fieberhaft, welche Möglichkeiten es für eine Flucht gab. Meine Eltern wollten keinen Versuch in dieser Richtung machen. Mein Vater hatte nämlich in dem Gebäude, in dem wir wohnten, ein Versteck gebaut und glaubte, es sei sicher. Meine Schwester Surcie wollte dagegen auf jeden Fall fliehen und bat mich mitzukommen. Meine Mutter unterstützte den Plan. Es war das erste Mal, daß ich mich von meiner Familie trennen mußte, und der Abschied fiel mir außerordentlich schwer.

Auf der Flucht

Der Abschied war nicht nur schmerzvoll, wir wußten auch nicht, ob wir unsere geliebten Eltern und Geschwister überhaupt jemals wiedersehen würden. Von diesen Gefühlen bewegt, rannten wir die Treppe hinunter und die dunklen Straßen entlang. Um den Kopf hatten wir große graue Tücher gewickelt, um wie Bäuerinnen auszusehen. In den Taschen hatten wir nur ein paar Stückchen Zucker, die uns unsere Mutter zugesteckt hatte. Unser Aufbruch hatte mitten in der Nacht stattgefunden, und zum Glück waren keine Wachen in der Nähe, als wir unter dem Stacheldraht durchkrochen. Wir waren aus dem Ghetto entkommen.

AN DER KELLERMAUER

Als meine Schwester und ich durch die dunklen Straßen außerhalb des Ghettos wanderten und um uns herum eisige Kälte und Finsternis war, da packte uns auf einmal die Angst, und wir sprangen in den Keller eines ausgebombten Hauses. Wir blieben vierundzwanzig Stunden in dem verlassenen Gemäuer und stillten unseren Hunger mit dem Zucker, den uns unsere Mutter mitgegeben hatte. Am nächsten Abend waren keine Schüsse zu hören, und wir beschlossen, die Stadt zu verlassen. Ohne etwas zu essen, konnten wir dort nicht bleiben.
Das Haus war so stark zerstört, daß nicht einmal mehr eine Treppe vorhanden war, über die wir den Keller hätten verlassen können. Um hinauszukommen, stieg meine Schwester auf meinen Rücken. Nachdem sie oben angelangt war, zog sie mich nach.

Unterwegs in den Feldern

Es war eine gräßliche, kalte Winternacht, die wir uns für unsere Flucht ausgesucht hatten. Obendrein fing es noch zu schneien an. Stundenlang lief ich mit meiner Schwester über die Felder. Wir verloren die Orientierung und konnten unser Dorf nicht finden. Wir gingen auf ein kleines Licht in der Ferne zu, kamen zu einem Bauernhof und schliefen in der Scheune. Am nächsten Tag zeigte uns der Bauer den Weg nach Czernica. Doch die eigentliche Qual sollte erst beginnen. Wir mußten buchstäblich um unser Leben kämpfen. Jeder Augenblick, ob am Tage oder in der Nacht, bei Kälte oder Regen, war von Angst erfüllt. Manchmal hatten wir noch nicht einmal etwas zu essen. Dieser grauenhafte Zustand dauerte für mich ein ganzes Jahr.

Surcie

Eines Tages verlor ich Surcie aus den Augen. Als wir uns einige Wochen später im Wald wiedertrafen, sagte sie zu mir, sie könne es nicht länger aushalten. »Ich gehe noch einmal ins Ghetto und bringe Vater dazu, daß er auch ins Dorf zurückkommt und daß er im Wald ein Versteck für uns baut, damit wir zusammen untertauchen können.«

Bei ihrer Ankunft im Ghetto stellte sie fest, daß alle noch am Leben waren. Nur Lajcie hatten sie mit Typhus ins Krankenhaus einliefern müssen. Die Verhältnisse dort waren schrecklich. Die Betten waren schmuddelig und ohne Laken. Die Kranken wurden sogar an den Augenbrauen von Läusen geplagt. So blieben Mutter und Surcie im Ghetto, um nach Lajcie sehen zu können. Sie brachten es nicht übers Herz, sie zurückzulassen.

Bald darauf begannen die Deutschen mit der Auflösung des Ghettos, und Surcie entschloß sich erneut zur Flucht. Dieses Mal gelang es ihr, meine Mutter ebenfalls zu überreden. Surcie setzte alles daran, um zu überleben. Ihr haben es meine Mutter und ich schließlich zu verdanken, daß wir beide heil aus dem Ghetto herauskamen.

Bei Karolczycha

Im Mai 1943 begann die Auflösung des Ghettos. Mein Vater wollte weiterhin in dem Versteck bleiben, das er sich gebaut hatte. Mein Bruder Aron befand sich zu dem Zeitpunkt bereits im Arbeitslager. Mutter und Surcie versteckten sich zunächst innerhalb des Ghettos im Keller eines Hauses. Sie gruben sich dort regelrecht ein. Mit bloßen Händen holten sie die Erde aus dem Boden, legten sich ihre Tücher über den Rücken und deckten sich mit Erde zu. So lagen sie eine Zeitlang da, ohne sich zu rühren. Sie hörten, wie die Deutschen in den Kellern herumliefen und brüllten: »Juden heraus!« Mutter und Surcie blieben jedoch unentdeckt. Meine Schwester war sehr aufgeregt und beschloß, ein besseres Versteck zu suchen. Wir haben nie wieder etwas von ihr gehört. In der darauffolgenden Nacht schlich sich Mutter aus dem Keller und erreichte wohlbehalten das Dorf. Ich traf sie im Haus von Karolczycha wieder, und dort versteckten wir uns auch getrennt voneinander. Karolczycha, die Heilkundige in unserem Dorf, war immer eine gute Freundin meiner Mutter gewesen.

Der Brand im Krankenhaus

Sämtliche Juden aus dem Ghetto von Brody wurden in das Konzentrationslager von Majdanek gebracht – damit war das Ghetto aufgelöst. Einige hatten Glück und konnten entkommen. Sie flohen in die Wälder oder wurden von den Bauern in den umliegenden Ortschaften versteckt. Diejenigen, die man noch im Ghetto in ihren Verstecken fand, wurden auf der Stelle erschossen. Mein Vater hielt sich auf dem Dachboden des Hauses verborgen, das wir im Ghetto bewohnt hatten. Nachdem er dort drei Tage lang ohne Essen und Trinken ausgeharrt hatte, kam er heraus und wurde sofort von einem SS-Mann gestellt. Sara Geller hatte sich auf demselben Dachboden versteckt. Sie hörte noch, wie mein Vater den SS-Mann fragte: »Kann ich noch einen Schluck Wasser haben, bevor Sie mich erschießen?« Im nächsten Augenblick drückte der SS-Mann ab. Sara Geller kam mit ihren zwei Kindern lebend davon und erzählte mir später vom Tod meines Vaters. Die Menschen im Ghetto-Krankenhaus kamen auf die tragischste Weise ums Leben. Das Gebäude wurde mitsamt den Menschen, die noch drinnen waren, in Brand gesteckt. Die SS-Leute schossen jeden Juden nieder, der versuchte, aus dem brennenden Gebäude zu entkommen. Unter denen, die damals den Tod fanden, war auch meine Schwester Lajcie.

Auf Nahrungssuche

Den Winter über versteckte ich mich an allen möglichen Orten, die nur irgend zugänglich waren: in Scheunen, Kellern, Schweineställen oder Speisekammern. Im Sommer war es etwas leichter. Ich saß im Wald auf dem Boden oder in den Feldern zwischen hohen Ähren. Manchmal verbrachte ich mehrere Tage nacheinander in den Büschen am Waldrand, weil weder die Deutschen noch die polnische oder die ukrainische Polizei dort jemanden vermuteten. Besonders scheußlich war es, wenn es regnete. An vielen Tagen saß ich im Freien und war naß bis auf die Knochen. Nachts ging ich dann zu den Bauern, trocknete meine Kleider und bekam etwas zu essen. Am nächsten Morgen ging ich in den Wald zurück und wurde wieder naß! Manchmal war ich schon kurz davor aufzugeben, doch mein Überlebenswille war sehr stark.

Mit Freunden im Versteck

Eines Tages stieß ich im Wald noch auf einige andere und schloß Freundschaft mit ihnen. Es war herrlich, wieder einmal mit Menschen zusammenzusein, nachdem ich mich viele Monate lang allein versteckt hatte. Bald mußte ich jedoch feststellen, daß ich voller Läuse war. Diese Leute lebten schon seit Monaten, Tag und Nacht, an derselben Stelle tief im Wald. Da die Feuchtigkeit hier sehr hoch war, hatten sie Blätter auf dem Boden ausgebreitet. Über dieses Laublager waren dann in der Zwischenzeit große weiße Läuse hergefallen, wie ich sie noch nie gesehen hatte. Diese Läuse waren schlimmer als die Einsamkeit! Also kehrte ich in die Nähe des Dorfes zurück, wo ich mein Hemd wenigstens hin und wieder auswaschen konnte.

Ein Teller heisse Suppe

Heiße Suppe war für mich wie ein Festtagsschmaus. Ich bekam nur alle paar Monate einen Teller voll, wenn ich bei Karolczycha untertauchte. Sie war wirklich ein wunderbarer Mensch. Zuerst versteckte sie meine Schwester und später meine Mutter und mich jeweils für eine ganze Woche. Andere behielten uns nur für eine Nacht, gaben uns aber immer ein großes Stück Brot. Unter den Bauern gab es zwei Extreme: Die einen waren der Meinung, daß man einem Nachbarn in Not helfen mußte, die anderen empfanden nichts als Haß und waren bereit, einen zu töten, weil man Jude war.
Nur sehr, sehr wenige Leute haben geholfen. Dem Herrn sei Dank für diese guten Menschen.

Arons Festnahme

Mein Bruder Aron wurde vom Ghetto aus in ein Arbeitslager gebracht. Von dort floh er eines Tages mit einem Freund und versteckte sich in der Nähe unseres Dorfes. Ein Waldhüter jedoch spürte die beiden auf und nahm sie fest. Ich hielt mich zu der Zeit bei Karolczycha auf, und sie erzählte mir, daß sie gesehen hatte, wie Aron abgeführt wurde. Es tat sehr weh zu wissen, daß er nun keine Chance mehr hatte zu überleben und es für Mutter und mich keine Möglichkeit gab, ihn noch einmal zu sehen. Auch ich wurde eines Tages von einem Waldhüter erwischt. Aber er ließ sich von ein paar anderen ablenken, die er in der Dämmerung durch den Wald laufen sah, und so konnte ich entkommen. Aron hatte nicht so viel Glück.

Das Versteck auf dem Dachboden

Während der letzten Wochen vor der Befreiung versteckte ich mich auf dem Dachboden eines verlassenen Hauses. Die Mäuse leisteten mir Gesellschaft. Allerdings waren sie nicht besonders nett zu mir, denn sobald es dunkel war, machten sie sich über mein Brot her. Ich befestigte deshalb das Brot an einem Stück Schnur und ließ es von der Decke herunterhängen. Erst dann legte ich mich zum Schlafen hin. Das Dach war aus Stroh und hatte ein Loch – mein Fenster zur Freiheit. Ich erinnere mich noch, wie ich den ersten russischen Soldaten durch das Dorf laufen sah. Ich war immer der Meinung gewesen, diesen Tag nicht mehr zu erleben – den Tag der Befreiung!

Die Befreiung

Abschied von Czernica

Ich stand auf dem Dachboden und war noch wie betäubt. Ich traute mich kaum, vor Einbruch der Dunkelheit hinunterzugehen. Zum Glück hatte auch meine Mutter überlebt, nachdem sie sich ebenfalls abwechselnd an verschiedenen Stellen in unserem Dorf versteckt hatte.

Ich erinnere mich nicht mehr an den Augenblick, als wir uns am Tag der Befreiung trafen. Aber ich erinnere mich noch daran, was meine Mutter sagte, als wir beim Verlassen des Dorfes an unserem Hof vorbeikamen. Sie sagte: »Wahrscheinlich werden wir nie mehr in unser Haus zurückkehren.« Während der folgenden Monate wechselten wir häufig die Unterkunft und warteten voll banger Hoffnung auf ein Lebenszeichen von meinem Vater, meinen Schwestern und meinem Bruder. Schließlich mußten meine Mutter und ich der Wahrheit ins Auge blicken und einsehen, daß keiner von ihnen überlebt hatte.

Im Kugelhagel

Meine Mutter und ich machten uns auf in Richtung Podkamien. Auf den Feldern vor uns zischten die Leuchtspurgeschosse durch die Luft. In Podkamien trafen wir einige Juden aus der Stadt. Sie hatten sich ebenfalls im Wald in Erdbunkern versteckt und waren so dem Tod entgangen. Wir wohnten alle zusammen in einem Haus, das einmal einer jüdischen Familie gehört hatte. Die anderen hatten von ihren Nachbarn Kartoffeln bekommen und kochten nun eine Suppe für uns alle. Gemeinsam versuchten wir, uns von dem Schock der neu gewonnenen Freiheit zu erholen.

Plötzlich hieß es, die russische Armee sei auf dem Rückzug. Man riet uns, ihr zu folgen, um nicht noch einmal mit den Deutschen zusammenzutreffen. Für uns waren die russischen Soldaten die Beschützer. Wir schrieben inzwischen Ende März 1944, und am Himmel zog ein schwerer Schneesturm auf. Wir hatten uns Lumpen um die zerschlissenen Schuhe gebunden und kämpften uns damit durch den tiefen Schnee. Ein paar von uns hatten Glück und wurden in Einspännern mitgenommen. Bei Einbruch der Dunkelheit erreichten wir Podchajew. Einige Bewohner gaben uns etwas zu essen und Unterkunft. Am nächsten Tag ging es weiter nach Kremieniec, immer im Gefolge der russischen Armee.

Deutsche Kriegsgefangene

Auf dem Weg nach Kremieniec stellten Mutter und ich fest, daß wir neben einer Gruppe von deutschen Kriegsgefangenen hergingen. Sie wurden von russischen Soldaten flankiert, die ihre Gewehre auf sie gerichtet hatten. Wir dankten Gott, daß wir den Augenblick hatten erleben dürfen, die Nazimörder als Gefangene vor uns zu sehen. Den russischen Soldaten erklärten wir, wir seien Juden und hätten gerade erst unser Versteck verlassen. Einer der Soldaten fragte mich (vermutlich aus Spaß): »Hier ist ein Gewehr, willst du einen von diesen Deutschen erschießen?« Selbst wenn er es ernst gemeint hätte, war mir klar, daß ich keinen Menschen töten konnte. Wieviel Schmerz wir auch über den Verlust unserer Familienangehörigen und Verwandten empfanden und wie sehr die Nazis auch unser inneres und äußeres Leben zerstört hatten, ich konnte kein Leben auslöschen.

Betteln

In Kremieniec trafen wir weitere Überlebende, von denen einige sich ebenfalls aus der Region Hociska hierher zurückgezogen hatten. Etwa fünfzehn Jungen und Mädchen wohnten in den zwei Räumen eines leerstehenden Hauses, das früher Juden gehört hatte. Meine Mutter und ich fragten sie, ob wir bei ihnen bleiben könnten, und erhielten zur Antwort: »Wenn ihr auf dem Boden einen Platz zum Schlafen findet, könnt ihr gerne bleiben.« Damit hatten wir zwar eine Unterkunft, aber noch keine Lebensmittel, keine Arbeit und keine Hilfsorganisation, an die wir uns hätten wenden können. Also zogen wir alle los, um etwas Essen zu erbetteln. Jedesmal, wenn wir zurückkamen, verglichen wir den Inhalt unserer Bündel, um zu sehen, wer am besten bettelte. Mir war das irgendwie zuwider, und so versuchte ich weiter, Arbeit zu bekommen. Nachdem ich ein paar Tage mit Betteln zugebracht hatte, bot mir eine liebenswürdige Frau namens Kamajewa Arbeit an. Ich sollte auf ihre beiden Kinder aufpassen und dafür Kost und Logis erhalten. Doch Mutter und ich wollten uns nicht trennen, und so nahm sie uns aus Mitleid beide auf. Mutter putzte und kochte. Später begann sie noch, braune Seife selbst zu machen und sie auf dem Markt zu verkaufen. Das Geld, das sie damit verdiente, gab sie Frau Kamajewa.

Arbeit in der Bäckerei

Kurz nach der Befreiung war eine Typhusepidemie ausgebrochen. Die meisten Jungen und Mädchen kamen ins Krankenhaus, wo ihnen die Haare abrasiert wurden. Als ich schließlich auch krank wurde, durfte ich trotzdem bei Frau Kamajewa bleiben. Ihr Vater war Arzt und behandelte mich unentgeltlich.
Nach ein paar Wochen verdienten sich die anderen Geld auf dem Markt, indem sie selbstgemachte Brötchen und Hefe verkauften. Aber ich konnte Frau Kamajewa einfach nicht verlassen. Sie war so nett zu uns gewesen, als wir uns in einer verzweifelten Lage befanden. Traurigerweise wurde ihr jüngster Sohn eines Tages krank und starb kurz darauf. Einige Zeit nach seinem Tod zogen wir aus.
Ich fand Arbeit in einer Bäckerei der Armee. Eines Tages fragte ich meinen Vorgesetzten, einen Soldaten, ob ich auch etwas Brot mit nach Hause nehmen könnte. Er antwortete: »Geben kann ich dir's nicht, aber wenn du mit einem großen Umhängetuch zur Arbeit kommst, kannst du einen Laib Brot mitnehmen, ohne daß es die Wache merkt.« Ich folgte seinem Rat. Beim zweiten Mal steckte ich mir gleich unter jeden Arm einen Laib. Einen nahm ich für uns, den anderen verkaufte ich, um etwas Geld zu verdienen. Ohne kleinere Diebstähle konnte man damals nicht überleben.

Per Anhalter unterwegs

Von Kremieniec aus zogen meine Mutter und ich nach Dubno zu unseren Verwandten Jakob und Esta Knobel. Sie hatten mit ihrer fünfjährigen Tochter im Wald überlebt. Mit ihnen teilten wir uns ein Zimmer. Meine Mutter verkaufte auf dem Markt in Dubno Salz, das ich mit einer Freundin heranschaffte, weil die Nachfrage nach Salz sehr groß war.

Wir holten das Salz in Lwow (Lemberg), das hundert Kilometer entfernt lag. Um dort hinzukommen, hielten wir russische Armeelastwagen an, die damals ein allgemein gebräuchliches Verkehrsmittel waren. In der Stadt kauften wir dann zwei Säcke mit je dreißig Pfund Salz, die wir auf dem Rücken durch die Straßen schleppten. Per Anhalter ging es schließlich wieder zurück nach Dubno.

Ich versuchte in jener Zeit, Kontakt zu unseren Verwandten in Amerika herzustellen. Als wir unseren Hof verlassen mußten, um ins Ghetto zu ziehen, hatte ich mir die Adresse meiner Tante Sarah in New York in die Jacke eingenäht. In Dubno versuchte ich dann, dieses ziemlich mitgenommene Stück Papier wieder zutage zu fördern. Ich schrieb den Brief, konnte ihn aber nur mit einer unvollständigen Adresse versehen. Ein paar Monate später erhielten wir ein Päckchen. Was für eine Freude und moralische Stärkung, wieder mit unseren amerikanischen Verwandten in Verbindung zu sein!

Ich will zu meiner Mami

Jakobs Schwester Dusia hatte ihren zweijährigen Sohn Srulek bei einer Bäuerin in Obhut gegeben, bevor sie untergetaucht war. Für die Betreuung des Kindes erhielt die Frau einen bestimmten Geldbetrag. Das sollte so lange gehen, bis die Mutter wieder zurückkam. Einige Monate nach der Befreiung schickte die Bäuerin Jakob jedoch eine Mitteilung, in der sie ihn aufforderte, das Kind abzuholen, weil sie kaum genug hätte, um ihre eigenen Kinder zu ernähren. Andere Christen dagegen wollten oft die jüdischen Kinder, die sie aufgenommen hatten, gar nicht mehr an die Verwandten zurückgeben.
Jakob holte den kleinen Jungen ab, der in der Gastfamilie Julek hieß. Er war unterernährt, voller Läuse und hatte einige Wunden. Jakob und Esta wuschen ihn, zogen ihm frische Kleider an und gaben ihm etwas zu essen. Wir bemühten uns nach Leibeskräften um ihn, aber er heulte nur und rief, er wolle zu seiner Mami! Wie schmerzlich und wie traurig war es doch für uns, ihn so zu erleben: Er konnte sich gar nicht mehr an seine richtige Mutter erinnern, die nur eine Woche vor der Befreiung ums Leben gekommen war. Die einzige Mutter, die Julek kannte, war die Frau, die sich siebzehn Monate lang um ihn gekümmert hatte! Nie sah ich ein Lächeln auf seinen Lippen. Sein Vater überlebte in Rußland, und die beiden trafen in Israel wieder zusammen.

Auf dem Bahnhof

Wir hatten gehört, daß man einige Menschen umgebracht hatte, als sie nach der Rückkehr in ihre Dörfer versucht hatten, ihr Eigentum wiederzubekommen. Deshalb war uns klar, daß wir nicht mehr auf unseren Hof zurückkehren konnten. Da es nicht leicht war, sich unter der russischen Besatzung in Ostpolen auf ehrliche Weise seinen Lebensunterhalt zu verdienen, entschlossen wir uns, ins westliche Polen zurückzukehren. So fuhren wir mit unserem Vetter Jakob nach Bytom (Beuthen). Nachdem wir unsere Familie, unsere Verwandten und Freunde verloren hatten, hofften wir, zu Sarah, der Schwester meiner Mutter, und ihren Brüdern in Amerika zu gelangen.

Nachdem wir ein paar Monate in Bytom verbracht hatten, schlossen wir uns einem illegalen Transport an, der uns zu einem Flüchtlingslager in Westdeutschland führen sollte. An der tschechoslowakischen Grenze wurden wir angehalten und festgenommen. Schließlich schickte man uns nach Moravska Ostrava (Mährisch-Ostrau). Dort wurden wir in überfüllte Baracken gesteckt und bewacht. Wir schliefen in Doppelstockbetten, mehrere hundert Männer, Frauen und Kinder waren bunt durcheinandergewürfelt. Nach ein paar Monaten intervenierte JOINT (American Jewish Joint Distribution Committee), die jüdische Hilfsorganisation in den USA, und wir wurden in ein Flüchtlingslager ins bayerische Pocking geschickt.

Mutter im Rollstuhl

Von Pocking aus, das in einer ländlichen Region liegt, wurden Mutter und ich ins Flüchtlingslager Föhrenwald bei München gebracht. Dort gab es ein Büro der jüdischen Einwandererhilfsgesellschaft HIAS (Hebrew Immigrant Aid Society), wo ich mich zur Auswanderung nach Amerika eintrug. Immer wieder erklärte man uns, daß die Wartezeit sehr lang sei.
Unterdessen erlitt meine Mutter einen Herzschlag. Die Ärzte sagten, sie hätte nur noch wenige Monate zu leben. Wieder waren alle meine Hoffnungen zerstört.
Später wurde meine Mutter als Pflegefall in ein Krankenhaus in Bad Wörishofen verlegt. Nach zwei Jahren war sie langsam auf dem Weg der Besserung. Ihre Schwester und ihre Brüder gaben eine Bürgschaft für meine Mutter ab, und so konnte sie in die USA einwandern. Nach siebenunddreißig Jahren war sie wieder mit ihrer Familie in New York vereint. Der Arzt, der meine Mutter in Deutschland behandelt hatte, sagte, es sei ein Wunder, daß sie noch lebe. Sie lebte noch sechzehn Jahre lang.

Küche und Veranstaltungssaal in Föhrenwald

Wie alle Flüchtlingslager wurde auch das Lager Föhrenwald von den Überlebenden selbst verwaltet. Unterstützung erhielten wir von JOINT und UNRRA (United Nations Relief and Rehabilitation Administration), einer Hilfsorganisation der Vereinten Nationen zur Unterstützung von Flüchtlingen und Verschleppten in den von den Alliierten besetzten Gebieten. Jeweils zwei oder drei Familien teilten sich ein Zimmer. Sie waren nur durch Armeedecken voneinander getrennt. Anfangs wurde das Essen in einer Zentralküche gekocht. Später erhielten wir Trockennahrung und Konserven. In jedem Zimmer standen zwei Elektrokocher. Die Zentralverwaltung gab Kleider und Decken aus, wies die Zimmer zu und verteilte die wenigen Arbeitsplätze, die vorhanden waren.
Wir hatten unsere eigene Polizei, ein Krankenhaus, einen Arzt und zwei Schwestern, eine Hebräisch- und Jiddischschule für Kinder und eine Schule für Erwachsene zur beruflichen Wiedereingliederung. Viele von uns besuchten Näh- und Schneiderkurse sowie Elektroniklehrgänge, um sich für bessere Jobs in ihren künftigen Heimatländern zu qualifizieren. Zahlreiche Lagerinsassen waren auch in den verschiedenen zionistischen Organisationen aktiv.

Der Clown

Im Veranstaltungssaal wurden Filme gezeigt, es gab Konzerte, oder die Kinder der Hebräischschule führten ein Stück auf. Für die Jugend wurden Tanzabende arrangiert. Häufig besuchten wir auch Vorträge, die von den zionistischen Organisationen veranstaltet wurden. Einen ganz erheblichen inneren Auftrieb gaben uns jedoch vor allem die amerikanischen Schauspieler der Jüdischen Bühne, die eines Tages bei uns auftraten. Ich erinnere mich noch an die Darbietung von Herman Jablkow in »Der Pajac« (Der Clown). Ich hatte noch nie ein jüdisches Stück gesehen, und die Aufführung beeindruckte mich sehr.

Ein neues Leben

Das Leben im Flüchtlingslager war niederdrückend. Es wirkte sehr entmutigend, ein ums andere Jahr darauf warten zu müssen, das blutbesudelte Europa endlich zu verlassen. Im Lager erzählte man sich dazu den Witz: *Gdzie jedziesz ja pojade* (Wohin gehst du? Du wanderst aus? Ich komme mit). Die Leute trugen sich für irgendein Land ein, in das sie auswandern konnten: die USA, Argentinien, Australien. Es gab auch illegale Flüchtlingstransporte nach Israel. Einige Leute aus Föhrenwald verließen Europa an Bord der »Exodus« und landeten schließlich in Zypern.
Trotz dieser Schwierigkeiten heirateten viele, bekamen Kinder und versuchten, wieder zu einem normalen Leben zurückzukehren.

Meine Verlobung

Das Jahr 1949 verbrachte ich in Bad Wörishofen, wo meine Mutter im Krankenhaus lag. Wir waren die nächsten auf der Einwanderungsliste für Amerika.
Viele Mädchen, die schon in Amerika waren, schrieben ihren Freundinnen in den Flüchtlingslagern, daß es sehr schwer sei, in einer so riesigen Stadt wie New York Jungs kennenzulernen. Diese Nachricht machte allmählich die Runde, und so heirateten viele Mädchen und Jungs bereits in den Lagern. Einige taten es auch, weil es so am zweckmäßigsten war.
Ich lernte meinen späteren Ehemann im Krankenhaus beim Sederabend kennen. Er leitete den Abend und wurde auf mich aufmerksam, weil ich als Jüngste die Tür für Elias öffnete. Wir mochten uns von Anfang an und waren ständig beisammen. Vier Monate später verlobten wir uns und beschlossen, im Rathaus das Aufgebot zu bestellen. Mit dem Trauschein konnte mein Mann ebenfalls ein Visum für die USA bekommen. Die kirchliche Trauung sollte dann nach unserer Ankunft in den USA stattfinden.

Die Hochzeit

Nachdem wir eine so tragische Zeit erlebt hatten, freute sich meine Mutter auf die Hochzeit der Tochter, die als einzige überlebt hatte. Mutter wohnte inzwischen bei ihren Brüdern in New York. Sie spürte deren Sorge, was die Kosten für eine Hochzeit betraf, und so schrieb sie uns einen Brief. Darin riet sie uns, im Flüchtlingslager zu heiraten, um der Familie finanziell nicht zur Last zu fallen.
Schließlich richteten meine Freundin Genia Prawer und ihre Schwester Pola die Hochzeit für uns aus, und zwar in ihrem Haus in Landsberg. Sie liehen sich auch die Kleidungsstücke aus, in denen viele Mädchen im Flüchtlingslager geheiratet hatten: einen weißen Rock und eine weiße Bluse.

Meine Familie

Nach vier Jahren im Flüchtlingslager kamen mein Mann und ich im Dezember 1949 in die Vereinigten Staaten. Endlich waren wir mit meiner Mutter und den amerikanischen Verwandten in der Bronx vereint. Ein Jahr später wurde meine Tochter Lillian geboren.
Die meisten Juden wanderten in den neu gegründeten Staat Israel aus. Für sie wurde ein lebenslang gehegter Traum Wirklichkeit. Trotz Hitlers Plan zur Vernichtung aller Juden gelang es einem kleinen Häuflein von uns, in anderen Ländern ein neues Leben anzufangen und neue Familien zu gründen in der Hoffnung auf eine bessere Zukunft für unsere Kinder und Kindeskinder.

Am Jisrael Chaj!

Das Volk von Israel möge leben!

»Seit zwanzig Jahren bringe ich meine Kindheitserinnerungen auf die Leinwand, erwecke die Vergangenheit zum Leben. Ich male meine Familie, unsere Verwandten und Nachbarn, unser Leben auf dem Dorf. Ich male auch Christen — einigen von ihnen habe ich das Überleben zu verdanken.
Für mich sind diese Bilder ein Andenken an meine Familie, an die Menschen in Czernica und an die Millionen, die auf so tragische Weise den Tod fanden.
Meine Enkel können durch sie ihre Großeltern und die Familie kennenlernen — Fotos gibt es keine. Ich kann auf diese Weise meinen Kindern und Enkelkindern, aber auch anderen Menschen ihrer Generation, etwas hinterlassen, das an die Vergangenheit erinnert.«

Toby Knobel Fluek, 1926 in dem ostpolnischen Dorf Czernica geboren, hat das Ghetto und den Krieg überlebt. 1949 emigrierte sie in die Vereinigten Staaten. Sie lebt in New York.